OPAGATEUR

ASSURANCES

CONTRE L'INCENDIE,

Par M. Louis Bellet.

QUATRIÈME ÉDITION.

Prix : 15 centimes.

PARIS,

CHEZ L'AUTEUR,
Rue Notre-Dame-des-Victoires, 36,
(PLACE DE LA BOURSE)
Et chez tous les Libraires de Paris et des départemens.

—

1842.

LE

PROPAGATEUR

DES ASSURANCES.

1853

Table des Chapitres.

AVIS QU'IL FAUT LIRE.

L'économie et la prévoyance sont les deux plus solides bases sur lesquelles puissent reposer l'avenir et le bonheur des familles.

Toutefois, la *prévoyance* ne doit pas s'entendre seulement de l'art *de se priver peu pour amasser beaucoup*, contrairement à l'économie, qui n'a été long-temps que l'art *de se priver beaucoup pour amasser peu*.

La *prévoyance* est encore ce sentiment qui nous fait pressentir certaines chances défavorables, certains malheurs qui pourraient frapper et compromettre tout ou partie de notre *avoir* et qui nous porte à nous protéger à l'avance et à nous prémunir contre les résultats de ces dangers éventuels.

C'est l'heureux développement des idées de prévoyance ainsi comprise qui a fait naître le système des *assurances* qui existent, soit sur la vie des hommes, soit contre l'incendie, les ravages de la grêle, la mortalité des bestiaux, les risques de mer.

Nous ne nous occuperons que des *assurances contre l'incendie*, presque inconnues en France il y a vingt ans, mais dont les utiles bienfaits sont chaque jour d'autant plus appréciés qu'ils sont visibles, palpables et peuvent frapper l'esprit des moins clairvoyans.

Nous avons mis à profit les leçons que nous ont données, sous ce rapport, l'Angleterre et les États-Unis, où les immeubles (on appelle ainsi les maisons ou bâtimens) et les valeurs mobilières (mobiliers et marchandises) sont assurés contre l'incendie. Si même les assurances ne sont pas encore suffisamment entrées dans nos habitudes, la faute n'en doit pas être attribuée d'une manière absolue à une insouciance coupable ou à l'imprévoyance; mais on ignore peut-être trop, en général, *ce que c'est qu'une assurance contre l'incendie.* On ne se rend pas compte des opérations des *Compagnies d'assurances* qui garantissent à ceux qui savent s'imposer un léger sacrifice d'argent la conservation de ce qu'ils possèdent.

Combien de personnes, en effet, ne se font pas assurer parce que les *assurances* ne leur représentent pas une chose claire, précise, intelligible ; parce qu'elles ne se doutent pas, en un mot, de ce qu'on demande à leur prévoyance !

Le but que nous proposons d'atteindre est donc celui-ci :

Expliquer les bases sur lesquelles reposent les *assurances contre l'incendie* ;

Faire connaître les avantages qu'elles offrent en réparant les pertes cruelles que les ravages du feu amènent trop souvent à leur suite.

Nous nous estimerions heureux si ce tout petit livre devenait le guide des personnes qui voudraient *assurer* contre les désastres de *l'incendie* ce qui constitue leur fortune, le patrimoine de leurs enfans, peut-être même le gage de leurs créanciers.

Dans le *Journal des Connaissances utiles* et dans l'*Almanach de France* nous avons eu souvent l'occasion d'appeler l'attention de nos lecteurs sur les *Institutions de prévoyance* qui se recommandaient à la confiance publique par la moralité de leurs combinaisons et par leur stabilité. En cherchant à propager aujourd'hui le principe des *assurances contre l'incendie*, en tant que ces assurances sont garanties par des Compagnies que le gouvernement a *autorisées*, nous demeurons fidèles à la direction et à la tendance de nos travaux. Ne seraient-ils utiles et profitables qu'à quelques personnes isolées, que ce serait encore là, pour nous, la plus flatteuse récompense que nous puissions ambitionner.

LE PROPAGATEUR
DES ASSURANCES
CONTRE L'INCENDIE.

CHAPITRE I.

CE QUE C'EST QU'UNE ASSURANCE CONTRE L'INCENDIE.

Peut-être pensera-t-on que dans un écrit destiné à placer les *assurances contre l'incendie* au nombre des mesures qu'une sage prévoyance nous engage à adopter, nous devrions d'abord signaler tous leurs bienfaits. Nous croyons, nous, qu'avant de faire ressortir les avantages qui se rattachent à une institution quelconque, il convient d'abord d'indiquer la nature et l'esprit de cette institution, et de mettre en relief les ressorts qui lui donnent la vie et le mouvement.

Lorsque ceux qui nous liront pourront répondre à cette question : *Qu'est-ce qu'une assurance contre l'incendie ?* ils seront plus à même de comprendre que les *Compagnies d'assurances* rendent à la société des services importans et continuels.

Nous commencerons donc par expliquer ce que nous appellerons le mécanisme des *assurances*.

Et d'abord que signifie le mot *assurance ?* Dans son acception la plus étendue, c'est un contrat par lequel une ou plusieurs personnes s'obligent envers une ou plusieurs autres, moyennant une somme convenue, à les garantir contre les effets de certains risques dont la nature est toujours déterminée. Ainsi, outre le consentement des parties contractantes, sans lequel aucun contrat ne peut exister, trois choses forment la base du *contrat d'assurance* :

Un objet assuré ;

Les risques auxquels cet objet est exposé ;

Un prix à payer en raison de ces risques.

Ce n'est pas contre l'incendie qu'on s'assure, mais contre les dégâts, les dommages et les pertes matérielles qui peuvent résulter de l'incendie.

Les Compagnies qui assurent prennent le titre de Compagnies d'assurances. Nous aurons occasion de dire plus tard quelles sont celles qui, *autorisées par ordonnance du roi*, présentent toutes les garanties désirables, tandis que les autres établissemens ne sont que de *simples sociétés en commandite*, soumises à toutes les vicissitudes qui, depuis quelques années, ont causé la ruine de tant de sociétés commerciales et industrielles établies dans cette forme.

On s'assure de deux manières :

Soit en payant annuellement une somme fixe, invariable : c'est alors ce qu'on appelle *assurance à prime fixe* ; soit en payant une somme variable à l'infini puisqu'elle s'accroît en proportion de la totalité des pertes éprouvées par tous les assurés ; c'est ce qu'on appelle *assurance mutuelle*. Nous examinerons plus loin ces deux modes d'assurance afin de reconnaître celui qui est le plus avantageux. Il ne sera question pour le moment que des *assurances à primes fixes*.

Une PRIME est donc la somme payée à l'*assureur* pour prix de l'*assurance*.

Le contrat ou le traité qui intervient entre la *compagnie d'assurances* et l'*assuré* s'appelle POLICE. C'est cette police qui devient la loi des parties : elle fait connaître les droits et les devoirs de chacune d'elles. La Compagnie qui assure et l'assuré ne sont engagés qu'après la signature de cette police.

Nous avons dit que la *prime fixe* était celle qui ne variait jamais. Ceci demande cependant quelques mots d'explication.

Si vous faites assurer votre maison pour 50,000 fr., on vous demandera annuellement par exemple 50 centimes par chaque mille fr., c'est-à-dire 25 fr. par an ; mais cela suppose que votre maison est construite en pierres, en briques ou en moellons ; qu'elle est couverte en tuiles, en ardoises ou en métaux. On vous demandera une prime plus élevée si votre maison est en pans de bois et en plâtre ; si elle est tout en bois ou torchis, ou couverte en bois ou en chaume, la prime sera plus forte encore, et cela se conçoit :

Les *Compagnies d'assurances* doivent faire payer plus ou moins cher à *l'assuré* en raison du plus ou moins de chances qu'elles courent en cas d'incendie ; or, la maison en bois brûlera plus rapidement que la maison de construction mixte ; celle-ci à son tour sera plus promptement entamée par le feu que le bâtiment en pierres de taille.

Il en est de même des marchandises. Les unes sont plus inflammables que les autres : celles-ci se consumeront sans donner à l'incendie une nouvelle activité ; celles-là au contraire serviront d'aliment à la flamme. Dans certaines fabriques, le feu peut causer des dégâts partiels sans tout anéantir ; dans d'autres au contraire, où beaucoup de matières combustibles sont amassées, tout sera détruit.

Les primes doivent donc varier en raison de ces risques divers ; seulement ces primes, une fois établies, demeurent fixes : l'assuré est en présence d'une dépense limitée. Or, l'éventualité dans les dépenses est un écueil pour l'administration sage et méthodique de tout revenu, parce qu'on ne peut donner à ses calculs des bases positives et invariables. Nous n'insiste- rons pas sur cette pensée ; son développement appartient à l'examen que nous nous sommes réservé au sujet des *assurances mutuelles.*

Il ne peut échapper à personne que le sys- tème des assurances ne soit une application du grand et fécond principe de l'*association.* Tous les assurés qui s'adressent à une même *com- pagnie* versent dans sa caisse le montant de leurs primes : ce sont ces primes qui servent à réparer les pertes que les assurés éprouvent.

Lorsqu'au capital social qu'une compagnie *doit réellement posséder* vient se joindre un second capital, composé d'une masse de primes successivement payées par les assurés, ceux-ci sont en possession de toutes les garanties dési- rables.

Les conseils de l'expérience ont été suivis lorsqu'il s'est agi de la fixation des primes ; elles ont été calculées de manière à être en rap- port avec les pertes présumables et de manière même à laisser aux compagnies de légitimes bénéfices.

Bien que ces établissemens puissent être assimilés aux *institutions de prévoyance*, bien que leur création ait eu lieu sous l'influence d'une pensée philanthropique, ils n'en ont pas moins pris un rang élevé dans les hautes opérations de la finance ; ils ont nécessité la présence de capitaux importans qui ne pouvaient demeurer stériles et improductifs. Il est donc naturel que les personnes qui ont prêté aux *Compagnies d'assurances* l'appui de leur argent le voient fructifier en raison même des chances de perte auxquelles ils se sont exposés. Au surplus, ce que l'assuré doit sincèrement désirer, c'est que la Compagnie qui l'assure offre à ses actionnaires des avantages importans.

Ce sera pour lui l'indice que les primes perçues sont nombreuses, que les sinistres (les accidens causés par le feu) sont rares, et que s'il était un jour victime de l'incendie, ses pertes seraient bientôt réparées.

Il résulte de l'exposé qui précède :

Que s'assurer contre l'incendie, c'est passer avec une *Compagnie d'assurances* un contrat par lequel, sous les conditions qui y sont stipulées, on s'engage à lui payer annuellement une somme fixe (*dans les Compagnies à primes*) ou une somme variable (*dans les Compagnies mutuelles*) à l'effet d'être indemnisé, en cas d'incendie, de la valeur de l'objet ou des objets assurés que le feu aurait détruits;

Que la réunion des *primes* payées par les assurés et qui ne leur imposent qu'une dépense modique et insensible forme bientôt un capital important qui permet de rembourser aux assurés le montant des dommages matériels que leur causerait un incendie;

Que chaque assuré peut regarder ce capital, auquel il a contribué pour sa part, comme la garantie de ce qu'il a fait assurer;

Qu'il peut se dire : si je ne suis pas incendié, l'argent que j'ai payé servira à indemniser un assuré moins heureux que moi, comme aussi l'argent versé par les autres assurés me profitera si ma maison, ou mon mobilier, ou mes marchandises viennent à brûler;

Que seulement, avant d'entrer dans une de ces associations (car les Compagnies d'assurances ne sont point autre chose), il faut prudemment examiner si la Compagnie qui doit nous *assurer* mérite notre confiance par la sagesse de ses réglemens et par la solidité de ses bases, si surtout elle est *autorisée* par le gouvernement.

Nous venons d'expliquer *ce que c'est qu'une assurance contre l'incendie;* notre premier chapitre se termine avec cette explication.

Nous allons maintenant tracer le tableau des bienfaits qui se rattachent à l'institution des assurances : notre tâche sera facile.

CHAPITRE II.

———◆———

Si notre intention n'était pas de nous occuper spécialement des *assurances contre l'incendie*, nous pourrions énumérer les services immenses que rendent *les Compagnies d'assurances*, quelle que soit la nature des objets qu'elles assurent, quels que soient les dommages qu'elles aient à réparer, lorsque ces *Compagnies* sont solidement établies.

Nous nous bornerons à indiquer deux sortes d'assurances dont les avantages nous paraissent facilement appréciables.

Ici des fermiers s'assurent contre la *mortalité des bestiaux*, cette première richesse de la ferme. Lorsqu'une maladie épizootique visite les troupeaux d'un canton, des fermiers voient mourir quelquefois toutes les têtes de leur bétail ; ils éprouvent alors une perte irréparable. Ceux d'entre eux qui ont eu la prudence de mettre à profit l'expérience du passé, et qui se sont assurés contre la mort de leurs bestiaux, sont bientôt indemnisés des pertes cruelles qu'ils ont essuyées si la *Compagnie* qui les assure est bien organisée, solvable et en mesure de tenir ses engagemens.

Là des armateurs s'assurent contre les *risques de mer.*

Autrefois un armateur, quelle que fût la prospérité de ses affaires, et malgré la prudence qu'il pouvait apporter dans ses opérations, était-il à l'abri de la ruine? La mer ne lui rendait pas toujours les vaisseaux qu'il lui confiait et qui portaient souvent toute sa fortune. Riche la veille encore, ne pouvait-il pas apprendre le lendemain la perte de plusieurs de ses navires? Qui lui répondait que dans d'autres parages, que sur d'autres mers, les flots n'avaient pas englouti, avec ses autres bâtimens, ses plus précieuses cargaisons?

Comparons maintenant cette position de l'armateur, toujours précaire, toujours menaçante, avec la position que lui ont faite les assurances contre les risques de mer. Aujourd'hui, au moyen de la prime qu'il acquitte, il sait que si ses marchandises viennent à périr, il a droit à une indemnité dont la prime qu'il paie est devenue la base. *Les assureurs* qui se sont liés envers lui ont pris à leur charge les pertes qui frapperaient ses navires.

Pour l'armateur assuré, aussi bien que pour sa famille, une sécurité complète a remplacé le doute et l'incertitude. Les chances de cette industrie ont été pesées, calculées, tarifées; un armateur sait aujourd'hui ce que lui coûtent chaque année la tranquillité d'esprit et les garanties qui lui sont acquises. En résumé, le commerce de l'armateur, qui était autrefois si chanceux, est aujourd'hui le plus sûr et le plus régulier.

Nous n'hésitons pas à regarder comme éminemment bienfaitrices les institutions d'*assurances* qui ont amené de semblables résultats : nous les retrouvons aussi frappans, mais se multipliant alors à l'infini, lorsqu'il s'agit des *assurances contre l'incendie.*

Certes, de tous les fléaux qui peuvent al-

teindre nos biens, il n'en est pas de plus im-
prévu, il n'en est pas qui se produise plus
subitement que l'incendie, il n'en pas dont la
marche soit plus rapide, dont les ravages soient
plus désastreux.

Aussi le système des assurances a-t-il eu
d'abord pour but principal de protéger contre
les ravages du feu nos propriétés mobilières et
immobilières.

Jetons nos regards sur le passé. Reportez-
vous par exemple à l'année 1823, et suivez-
nous dans la vallée de Rouen, où s'élevait alors
une des plus belles manufactures de cette con-
trée industrielle ; pénétrons dans ces vastes
ateliers où d'ingénieuses machines sont mises
en œuvre, où règnent le travail et l'activité.
N'admirez-vous pas avec nous toute cette po-
pulation d'ouvriers heureux et satisfaits? Le
sentiment de fierté que ces contre-maîtres
éprouvent à faire faire un progrès nouveau au
développement de notre industrie ne se peint-
il pas sur leurs visages intelligens? Plus loin,
nous trouvons les matières premières, qui, tor-
dues et broyées sous la dent des machines, su-
biront encore de nombreuses transformations

avant d'être converties en tissus. Plus loin encore d'immenses magasins renferment les produits manufacturés qui s'échangeront sur les marchés de la France et de l'étranger, au delà des mers peut-être, contre de l'argent destiné à donner à la fabrication un nouvel aliment, du travail à ces ouvriers, à ces femmes, à ces enfans, à ces familles entières.

Nous nous rappelons encore combien les mille détails de cette riche et vaste manufacture frappèrent notre imagination. Eh bien! pendant une froide nuit de décembre de cette année 1823, un effroyable incendie dévora les bâtimens, les machines, les marchandises, la modeste habitation du manufacturier et de sa famille.

C'était à l'époque où les assurances contre l'incendie commençaient à pénétrer dans la Normandie, où depuis elles se sont généralement répandues.

Le chef de ces établissemens incendiés n'avait pas suivi les premiers exemples qui lui furent donnés : il avait prétendu que trop de précautions étaient prises dans ses ateliers, que l'on exerçait partout une surveillance trop active pour que . feu fût à craindre; il s'était retranché derrière cette phrase banale que l'on répète encore si souvent aujourd'hui pour ne pas s'assurer : « Bah ! est-ce que le feu prendra jamais ici ? » Il avait repoussé les conseils de ses amis, plus prévoyans que lui. Dans l'espace de quelques heures il fut ruiné, et dans sa ruine il entraîna sa famille, ses créanciers, ses ouvriers, qu'il regardait comme ses enfans !

Oh ! que ce fut pour nous un spectacle digne de pitié que de voir tous les ouvriers pleurant sur ces décombres encore fumans ! La source de leur travail et de leur bien-être venait de se tarir. Que de malheurs cette nuit fatale dut laisser après elle ! Combien de familles furent plongées dans la misère !

Si ce manufacturier eût été assuré, la *Compagnie d'assurances* l'eût indemnisé de toutes ses pertes matérielles; il aurait pu alors reconstruire ses bâtimens, racheter des marchandises, fabriquer de nouveau. Il eût ainsi conservé sa fortune et sa position : il venait de perdre l'une et l'autre sans retour !

Nous venons de rappeler un souvenir que les années ont vieilli; mais le présent ne nous offre-t-il pas de semblables catastrophes! Nous sommes plus prévoyans sans doute en France qu'il y a vingt années ; mais la prévoyance est-elle bien une des qualités distinctives de nos mœurs? Nous ne le pensons pas.

Les journaux ne donnent-ils pas chaque jour le récit d'incendies considérables; ne disent-ils pas souvent : *tout a été détruit;* n'ajoutent-ils pas quelquefois : *rien n'était assuré!* C'est-à-dire que la perte est devenue complète, irréparable pour celui qui l'a subie et qui a dédaigné peut-être les avantages que les *Compagnies d'assurances* pouvaient lui offrir, si même il a pris le soin de les étudier.

Si les *Compagnies d'assurances contre l'incendie* n'existaient pas, si elles ne faisaient pas sans cesse de nouvelles conquêtes,

Combien de familles seraient ruinées chaque année par les incendies;

Combien d'hommes honorables seraient forcés de manquer à leurs engagemens;

Combien de fabricans seraient contraints de suspendre leurs travaux, de fermer leurs ateliers, au grand détriment de leurs ouvriers, et cela parce que les flammes auraient dévoré ce qu'ils possédaient et qu'ils n'auraient plus alors de ressources devant eux.

Si ces *Compagnies d'assurances* n'existaient pas,

Que d'établissemens incendiés ne se relèveraient pas de leurs ruines ;

Que d'intérêts publics seraient froissés ;

Que d'intérêts privés seraient compromis et souvent frappés de mort.

Enfin si ces *Compagnies d'assurances* n'existaient pas,

Le crédit manquerait d'un levier puissant, car les assurances favorisent les emprunts sur les immeubles et sur les meubles ;

L'usufruitier, qui a un intérêt dans la propriété, puisqu'il jouit des revenus de cette propriété ; — le créancier hypothécaire, qui a un intérêt direct à la conservation de son gage, et qui peuvent l'un et l'autre faire assurer l'objet de l'usufruit et de l'hypothèque, seraient privés d'une garantie importante.

En supposant même que les assurances contre les incendies n'aient pour but unique que d'indemniser l'assuré d'un dommage souffert, elles méritent toute l'attention

Des propriétaires,

Des cultivateurs,

Des fabricans,

Des manufacturiers,

Des négocians,

Des marchands,

De tous ceux qui ont intérêt à conserver la valeur d'une chose quelconque que l'incendie peut détruire.

Si vous êtes propriétaire, faites-vous assurer, car votre propriété représente peut-être toute la fortune de votre famille, la dot de votre femme, l'argent que vous destinez à l'établissement de vos enfans;

Si vous êtes agriculteur, faites assurer les fruits de la terre que vous avez récoltés, afin que si le feu vient à dévorer vos meules ou vos granges, vous retrouviez la valeur de ce qui aura brûlé;

Si vous êtes fabricant, manufacturier, marchand, faites assurer vos usines, vos fabriques, les machines et les métiers qui y fonctionnent, les matières premières et les marchandises qui s'y trouvent, etc.;

Car ce sont là toutes choses qu'un incendie

peut consumer, en vous ruinant vous et les vôtres et en ruinant peut-être ceux à qui vous devez.

A ces conseils ajoutons encore ceux-ci :

Faites assurer votre mobilier.

Si vous êtes locataire, faites-vous assurer contre le *recours* que le *propriétaire* et le *voisin* peuvent exercer contre vous en cas d'incendie.

Si vous êtes propriétaires, faites-vous assurer contre le *recours* du *voisin*.

Notre quatrième chapitre expliquera la nécessité de s'assurer contre ces *recours*, que nous ne faisons qu'indiquer ici.

Surtout n'allez pas dire avec les gens imprudens : « Est-ce que le feu prendra jamais ici ? qu'ai-je besoin de me faire assurer ? »

Rappelez-vous que le feu éclate là où on se croyait à l'abri de ses ravages, là où les précautions les plus minutieuses étaient prises.

D'ailleurs on ne vous demande chaque année (et c'est là une observation sur laquelle nous ne saurions trop insister) qu'une somme minime si vous la comparez à l'indemnité qui vous serait payée.

C'est là une dépense utile, indispensable, de première nécessité.

Les assurances sont la réalisation de cette maxime : *La prudence est la mère de la sûreté.*

Quand vous serez assuré, si vous avez encore à craindre l'incendie, au moins vous n'aurez pas à redouter ses fatales conséquences.

Toutes les personnes qui s'assurent disent souvent : « Je m'assure, mais je crois bien que jamais je n'aurai le feu chez moi. » Quand cependant un incendie éclate, elles voient alors que leurs prévisions étaient fausses, et elles s'estiment heureuses d'avoir été prudentes.

Maintenant nous résumerons ce chapitre sur les *avantages qui résultent des assurances contre l'incendie* par la citation des chiffres suivans, qui prouvent le développement que les assurances ont déjà pris en France et les bienfaits qu'elles ont rendus.

Depuis vingt ans, plus de DEUX MILLIONS DE POLICES (contrats d'assurances) ont été souscrites ;

Plus de DIX-HUIT MILLIARDS DE valeurs mobilières et immobilières ont été assurés;

Plus de **CENT MILLIONS DE FRANCS** ont été payés par les Compagnies en remboursement de pertes éprouvées par les assurés.

Tout cela est bien, sans doute; mais il faut qu'un jour les *assurances contre l'incendie* soient tellement répandues, que tous les désastres causés par le feu puissent être réparés.

CHAPITRE III.

CE QUE LES COMPAGNIES D'ASSURANCES REMBOUR-SENT AUX INCENDIÉS.

Les Compagnies d'assurances ne doivent d'indemnité aux assurés qui sont incendiés que pour les *pertes matérielles*.

Il ne serait pas moral, en effet, qu'un incendie pût être une cause de bénéfice pour celui qui en serait victime.

Et celui-là dont la maison, par exemple, brûlerait en partie ferait un véritable gain si on lui remboursait le montant de la somme totale pour laquelle il a fait assurer sa maison. Cela ne peut être.

Des gens de mauvaise foi s'incendieraient eux-mêmes pour réaliser un bénéfice.

Or, vous n'avez pas le droit de mettre le feu à votre maison, fût-elle même votre propriété, soit parce qu'alors vous mettriez en danger les maisons voisines, soit en supposant même que la vôtre fût isolée, parce qu'on ne peut attribuer une telle action qu'à une intention de faire le mal (1).

Le remboursement que la *Compagnie d'assurances* fait à son assuré doit s'expliquer ainsi :

Nous supposons que vous ayez fait assurer votre maison pour 40,000 francs ; l'incendie détruit une partie de cette maison.

La Compagnie, soit en reconstruisant elle-même, soit en vous payant une somme d'argent, vous rend ce que vous avez perdu ; elle vous met à même de vous replacer dans la position où vous étiez avant l'incendie : c'est vous dire assez que si la partie incendiée de votre habitation était vieille, vous ne serez pas indemnisé comme s'il s'agissait d'un bâtiment neuf ; — que si les murs étaient en moellons ou en briques, on vous remboursera la reconstruction

(1) Quiconque aura volontairement mis le feu à des édifices, navires, bateaux, magasins, chantiers, quand ils sont habités ou servent à l'habitation, qu'ils *appartiennent* ou n'appartiennent pas à l'auteur du crime, sera puni de mort. (Code pén., art. 434.)

en *semblables matières* et non pas en pierres de taille, par exemple, de la partie du mur que le feu aurait mis hors de service.

En un mot vous n'aurez rien perdu *matériellement*.

Ce qu'il s'agit de constater après l'incendie, c'est la perte que vous avez faite. Dès le moment où vous êtes indemnisé de cette perte, vous recueillez le fruit de votre prévoyance, et la *Compagnie* qui vous avait assuré a rempli loyalement ses engagemens envers vous.

Maintenant ne croyez pas que, dans l'appréciation du dommage que vous avez souffert, la Compagnie qui vous assure soit juge et partie. Si le dommage n'est pas apprécié de gré à gré entre vous *assuré* et la Compagnie qui vous *assure*, il est évalué par des experts qui, choisi par les parties, se livrent à une enquête contradictoire et qui s'adjoignent, s'ils ne sont pas d'accord, un troisième expert pour les départager.

La somme à laquelle le dommage est fixé, soit à l'amiable, soit par les experts, est payée *comptant* par les *compagnies à primes*, *autorisées* parce qu'elles ont un capital.

Nous devons expliquer ici ce que signifient ces expressions dont nous nous sommes servis plusieurs fois : *les Compagnies d'assurances ne remboursent que les pertes matérielles*.

Les incendies entraînent, outre les pertes matérielles, des pertes non matérielles. Ce sont celles pour lesquelles les compagnies n'accordent aucune indemnité.

Ainsi, la façade de votre maison vient à brûler ; on vous force, pour raison d'alignement, à reculer votre maison : évidemment vous éprouvez une perte dont les Compagnies d'assurances n'indemnisent pas.

Si après l'incendie total ou partiel d'une fabrique, les travaux sont suspendus et qu'il y ait ce qu'on appelle *chômage*, vous n'avez droit pour ce dommage à aucune indemnité.— Également si vous ne trouvez pas à louer les lieux qui ont été incendiés, vous perdez, il est vrai, vos loyers ; mais la compagnie qui vous a remboursé vos pertes matérielles n'a pas à vous tenir compte de ces locations vacantes.

Nous croyons qu'il est nécessaire d'entrer dans quelques détails au sujet d'une condition essentielle qui est mentionnée dans les *polices* d'assurances, et qui, pour être comprise, a besoin d'être expliquée.

On dit en général dans ces polices :

« S'il résulte de l'évaluation faite après l'incendie que la valeur des objets assurés était inférieure à la somme assurée, l'assuré n'a droit qu'au remboursement de la perte réelle et constatée.

« Si, au contraire, il est reconnu que la valeur des objets couverts par la police excédait au moment de l'incendie la somme assurée, l'assuré est son propre *assureur* pour cet excédant et prend part au dommage. »

Citons quelques exemples.

Supposons qu'un marchand de toiles ait fait assurer dans son magasin 20,000 fr. de marchandises. Le feu éclate dans sa maison; toutes ses toiles brûlent ; il vient réclamer 20,000 fr. S'il est bien prouvé, par ses déclarations, ou par ses livres de commerce ou par tout autre moyen employé pour découvrir la vérité, que, au moment de l'incendie, il avait dans ses magasins 20,000 fr. de toiles , on lui rembourse la valeur que ses toiles avaient le jour de l'incendie : on lui rend l'argent avec lequel il aurait pu remettre dans ses magasins la même quantité de toiles.

Mais si on lui démontre que ses marchandises qu'il avait assurées pour 20,000 fr. n'en valaient réellement que 15,000, on ne lui rembourse que cette somme. En effet, il n'a perdu que cela. Si on lui rendait 20,000 fr., l'incendie lui donnerait un bénéfice.

Nous avons dit que cela ne peut ni ne doit être.

Supposons qu'un autre marchand ait fait assurer 20,000 fr. de cotons. Un incendie se déclare; le dommage est évalué à 10,000 fr. que que le marchand réclame. Mais on lui prouve, par des marchandises qui n'auraient pas été brûlées, par exemple, que, au moment de l'incendie, il avait dans ses magasins pour 40,000 f. de cotons, c'est-à-dire pour une somme double de la somme assurée. Dans ce cas on ne lui remboursera que la *moitié* de ce qu'il a perdu, que 5,000 fr. sur 10,000 fr., parce qu'il n'a payé sa prime d'assurances que sur la *moitié* de ce qu'il possédait. Il est donc juste qu'il reste son propre assureur pour l'excédant du dommage.

— Cela s'appelle, en matière d'assurances,

faire à un assuré l'application de la *règle proportionnelle*.

On admet en principe que ce qui brûle, *brûle pour la compagnie et l'assuré* ; il est équitable que les objets sauvés de l'incendie et que couvrait la police profitent également à l'*assureur* et à l'*assuré*.

Sans ce partage, la Compagnie pourrait toujours dire à l'assuré : « Les marchandises brûlées sont celles qu'il vous a convenu de ne pas faire assurer, et les marchandises qui ont échappé au désastre sont celles dont j'ai entendu vous garantir la valeur. » — L'assuré pourrait faire de son côté le raisonnement contraire.

Un marchand de meubles fait assurer ses marchandises jusques à concurrence de 25,000 fr. ; elles brûlent ; mais au moment de l'incendie les magasins contenaient des meubles pour une valeur de 50,000 fr. Le marchand incendié n'a droit qu'aux 25,000 fr. assurés , précisément parce que rien n'a été sauvé et que dans ce cas, il se trouve évidemment son propre assureur pour les 25,000 fr. qu'il n'a pas fait assurer et qu'il a perdus.

Ces derniers exemples suffiront peut-être pour faire comprendre que celui qui ne déclare qu'une partie de ses marchandises est toujours dans une position moins favorable que celui qui les fait assurer en totalité.

Les Polices d'assurances doivent, comme toutes les conventions, être exécutées de bonne foi. Pour que cette exécution soit toujours plus facile et plus complète, nous engageons les personnes qui se font assurer à bien se faire expliquer ce à quoi les Compagnies s'engagent et ce à quoi elles s'engagent elles-mêmes. Il faut en un mot qu'elles connaissent leurs *devoirs* aussi bien que leurs *droits*.

CHAPITRE IV.

CE QUE C'EST QUE S'ASSURER CONTRE LE RECOURS DU PROPRIÉTAIRE ET CONTRE LE RECOURS DU VOISIN.

———◆———

Si nous sommes locataires et que le feu prenne dans les lieux que nous louons, nous sommes responsables vis-à-vis le propriétaire des dégâts que nous causons aux maisons, magasins ou appartemens qu'il nous a loués.

Le Code civil dit en effet, au titre du *Contrat de louage* :

« Art. 1733. Le locataire répond de l'incendie, à moins qu'il ne prouve que l'incendie est arrivé par cas fortuit, par force majeure ou par vice de construction, ou que le feu y a été communiqué par la maison voisine.

« Art. 1734. S'il y a plusieurs locataires, tous sont solidairement responsables de l'incendie, à moins qu'ils ne prouvent que l'incendie a commencé dans l'habitation de l'un d'eux, auquel cas celui-là seul en est tenu.

« Ou que quelques-uns ne prouvent que l'incendie n'a pu commencer chez eux, auquel cas ceux-là n'en sont pas tenus. »

On peut donc, comme locataire, avoir fait assurer son mobilier ou ses marchandises et faire encore, en cas d'incendie, une perte considérable par suite des indemnités que le propriétaire réclame pour les objets qui lui appartiennent et que le feu a pu détruire ou endommager.

C'est là ce qu'on appelle le *recours du propriétaire*. Eh bien ! on peut s'assurer contre cette chance. L'assurance est alors basée sur le prix de la location.

Si vous avez un loyer de 500 fr., par exemple, et que vous consentiez à payer votre prime d'assurances sur *quinze fois la valeur de votre loyer*, ainsi, sur 7,500 fr. (c'est ainsi que se calcule en général la base de cette assurance), la Compagnie répondra jusques à concurrence de cette somme du dommage que causerait à votre propriétaire un incendie qui se serait manifesté dans les lieux que vous avez loués *et dont il viendrait vous demander le remboursement.*

La prudence conseille donc qu'on se fasse garantir de cette responsabilité.

Mais çe n'est pas tout encore.

Vous avez à craindre aussi que le voisin n'exerce un recours contre vous si le feu, éclatant dans votre maison ou habitation, lui occasionne un dommage par la communication de l'incendie.

Or, le Code civil dit :

« Art. 1382. Tout fait quelconque de l'homme qui cause à autrui un dommage, oblige celui par la faute de qui il est arrivé à le réparer.

« Art. 1383. Chacun est responsable du dommage qu'il a causé, non-seulement par son fait, mais encore par sa négligence et par son imprudence. »

Ce principe, fondé sur l'équité, n'a besoin d'aucun commentaire.

Les Compagnies d'assurances garantissent également, toujours au moyen d'une prime modique, les effets de ce recours.

L'assuré calcule que si le feu éclate chez lui, il peut causer à son voisin un dommage montant à une somme de. . . . . C'est sur cette somme que la prime est payée ; et jusques à concurrence d'une somme pareille la Compagnie indemniserait le voisin des pertes qu'il aurait éprouvées par la communication du feu *et dont il viendrait demander le remboursement à l'assuré.*

Ainsi , les *locataires* doivent se faire assurer tout à la fois contre le recours du *propriétaire* et contre le recours du *voisin.*

Les *propriétaires* doivent, eux, se faire assurer contre le recours du *voisin.*

L'exemple suivant prouvera combien il est nécessaire de ne pas négliger ces deux assurances :

Un négociant avait fait assurer son mobilier et ses marchandises pour une somme de 50,000 fr. Un défaut de surveillance occasionna chez lui un effroyable incendie. La Compagnie qui l'avait assuré eut bientôt reconnu les droits qu'il avait à être indemnisé. Elle se disposait à rembourser l'évaluation du dommage lorsque le *propriétaire* et le *voisin* vinrent mettre opposition sur cet argent.

Le *propriétaire* demandait une somme assez

considérable par suite des dégâts causés à sa maison.

Le *voisin* prétendait que les ravages de l'incendie s'étaient étendus jusque chez lui ; il justifiait ses allégations, et, réclamant aussi une indemnité, il s'opposait à ce que le négociant incendié fût remboursé par la *Compagnie d'assurances*.

Le *propriétaire* et le *voisin* firent régler leurs prétentions, et ils absorbèrent en grande partie l'indemnité que la Compagnie aurait payée à ce négociant, qui n'avait été prévoyant qu'à demi.

Voulez-vous un autre exemple ?

M. D........ possédait dans la ville de...... trois maisons situées dans des quartiers différens. Il les fit assurer toutes trois ; mais il ne jugea pas convenable de les faire assurer contre le recours du voisin. Le feu éclata dans une de ses maisons, par suite d'un vice de construction, et atteignit rapidement la maison voisine, qui devint la proie des flammes. Malgré l'indemnité considérable que paya à M. D...... une Compagnie d'assurances, il faillit être ruiné par suite des pertes que le propriétaire voisin avait souffertes et que lui , M. D:..., dut réparer entièrement.

On voit par ce qui précède qu'il faut , lorsqu'il s'agit de s'assurer contre l'incendie , se mettre à l'abri non-seulement du dommage que l'on peut avoir à souffrir personnellement , mais encore se faire assurer contre le dommage que nous pourrions causer à autrui et dont nous serions responsables.

Ce qu'il ne faut pas non plus perdre de vue en fait d'*Assurances*, c'est de choisir une Compagnie parmi celles qui présentent à leurs assurés toutes les garanties désirables et de ne pas se livrer aveuglément à des Sociétés qui sont loin d'offrir les mêmes garanties et d'avoir les mêmes titres à la confiance publique.

Nous consacrerons le chapitre suivant à l'examen des divers modes d'organisation des Compagnies d'Assurances.

CHAPITRE V

DES BONNES ET DES MAUVAISES COMPAGNIES D'ASSURANCES.

———◆———

Les *bonnes Compagnies* sont celles qui donnent à leurs assurés la garantie la plus complète qu'en cas d'incendie elles seront toujours en mesure de réparer les dommages éprouvés.

Les *mauvaises Compagnies* sont celles qui, par la nature de leur constitution, laissent en doute la question de savoir si elles rembourseront à leurs assurés les pertes causées par un incendie, et si ces assurés ne perdront pas les primes qu'ils paient de bonne foi.

Celui qui, par prévoyance, veut assurer contre les ravages du feu son industrie et sa fortune ne devrait jamais avoir rien à craindre sur la solvabilité de la Compagnie qui l'assure.

Il n'en est point toujours ainsi.

Nous n'avons pas encore oublié, par exemple, que *la Prévoyance*, Compagnie d'assurances contre l'incendie, *constituée en commandite*, le 26 décembre 1837, au prétendu capital de *dix millions*, est tombée en faillite le 25 octobre 1839 !

Les assurés ont perdu leurs primes, et les incendiés qui ont pu se trouver parmi eux n'ont pas été remboursés.

Nous allons examiner maintenant quels sont les deux modes d'après lesquelles peuvent exister des *Compagnies d'assurances à primes contre l'incendie.* Nous défendons à l'avance notre opinion contre toute application directe, et nous entendons surtout la dégager de toute question de personnes.

Nous mettrons seulement en présence deux principes, deux systèmes, et après les avoir examinés, nous conclurons.

Les *Compagnies d'assurances* existent soit dans la forme de la *Société anonyme*, soit dans la forme de la *Société en commandite.*

Les *Compagnies en commandite* existent en vertu d'un acte qui les constitue.

Les *Sociétés anonymes* existent également

en vertu d'un acte authentique et de plus EN VERTU D'UNE ORDONNANCE ROYALE.

Les *Sociétés anonymes* sont donc autorisées par le gouvernement.

Les *Sociétés en commandite* ne peuvent recevoir cette autorisation.

Pour rendre plus sensible la différence qui existe entre les Compagnies *autorisées* et celles *non autorisées*, en d'autres termes entre les *Compagnies anonymes* contre l'incendie et les *Compagnies en commandite*, nous diviserons le présent chapitre en plusieurs sections.

I.

Comment se forment ces sociétés.

Les personnes qui veulent former une *Société anonyme* font passer au préfet du département, et à Paris au préfet de police, un exemplaire des statuts (on appelle ainsi les règlemens des Compagnies), une liste complète des actionnaires souscripteurs, la preuve de l'*exis-

tence et de la *réalisation* du capital social. Le
préfet, après avoir fait prendre des informa-
tions soit sur les qualités et la moralité des
auteurs du projet, soit sur la *solvabilité* des
actionnaires désignés, transmet la pétition,
les pièces et son avis motivé au ministère de
l'intérieur. La demande est ensuite portée au
Conseil d'État, qui nomme une commission
chargée d'entendre un rapport. Les statuts sont
sévèrement discutés, et quand ils offrent toutes
les garanties favorables à ceux qui par la suite
se feraient assurer, le gouvernement, comme
nous le disions, autorise cette compagnie *par
une ordonnance du roi* ainsi conçue :

« LOUIS-PHILIPPE, ROI DES FRANÇAIS,

« A tous présens et à venir, salut.

« Sur le rapport de notre ministre secrétaire
d'état au département des travaux publics, de
l'agriculture et du commerce ;

« Vu les articles 29 à 37, 40 à 45 du Code de
commerce ;

« Notre Conseil d'État entendu ,

« Nous avons ordonné et ordonnons ce qui
suit :

«Art. 1ᵉʳ La Société anonyme formée à Paris

sous la dénomination de . . . . ., pour l'assurance contre l'incendie, est autorisée.

« Sont approuvés les statuts de ladite Société, tels qu'ils sont contenus dans l'acte passé le . . . ., par-devant M^e . . . . . et son collègue, notaires à Paris, lequel acte restera annexé à la présente ordonnance.

« Art. 2. Nous nous réservons de révoquer notre autorisation en cas de violation ou de non exécution des statuts approuvés, sans préjudice des droits des tiers.

« Art. 3. La société sera tenue de remettre tous les six mois un extrait de son état de situation au ministère des travaux publics, de l'agriculture et du commerce, au préfet du département de la Seine, à la chambre de commerce et au greffe du tribunal de commerce de la Seine.

« Art. 4. Notre ministre secrétaire d'état au département des travaux publics, de l'agriculture et du commerce, est chargé de l'exécution de la présente ordonnance, qui sera publiée dans le *Bulletin des Lois*, insérée au *Moniteur* et dans un journal d'annonces judiciaires du département de la Seine. »

La Compagnie ayant un capital social , réel , souscrit par des personnes *jugées solvables*, peut commencer ses opérations.

Si, à son début , un incendie la force à réparer des pertes et à rembourser des sommes supérieures à celles que les assurés lui ont versées à titre de prime , elle peut payer , PARCE QU'ELLE A UN CAPITAL CONSIDÉRABLE.

Voici maintenant comment les choses se passent dans les *Compagnies en commandite.*

Un homme qui veut se créer une position a l'idée de fonder une société de cette nature dont il se réserve ordinairement la direction. Il arrête et souvent rédige lui-même les bases d'un projet d'acte , qui intervient devant notaire entre lui et les personnes qui sont ou SERONT ses actionnaires, et cet acte porte quelquefois que les opérations d'assurances commenceront *immédiatement !*

Or, si peu de temps après l'organisation de cette *Compagnie en commandite*, ses assurés sont incendiés et qu'ils demandent le remboursement de leur assurance, il peut arriver qu'on ne les rembourse pas parce que la Compagnie N'A SON CAPITAL réalisé que pour une portion dérisoire ou que peut-être même il n'est pas souscrit par des personnes solvables.

Il vaut mieux se faire assurer par une *Compagnie autorisée* qui *a son capital* (et le gouvernement a vérifié le fait) que par le gérant d'une *Compagnie en commandite*, qui souvent cherche son capital, pompeusement indiqué, il est vrai, sur le papier, mais non pas réalisé dans sa caisse.

II.

Comment sont administrées les compagnies d'assurances.

Dans les *Compagnies en commandite* avec qui traite l'assuré ? avec un seul homme, avec le gérant.

Qui signe les Contrats d'assurance (polices)? Le gérant.

Qui encaisse les primes et les valeurs de la Société ? Le gérant.

Qui dispose des valeurs mobilières et immobilières de la Société? Le gérant.

Qui est responsable, en supposant que cette responsabilité soit une chose sérieuse? Le gérant.

Or, le gérant se réserve ordinairement la faculté de quitter la gérance, la direction, et de transférer ses droits à un successeur qu'il choisit!

De manière que vous vous croyez assuré par Paul, par exemple, et vous apprenez un jour que ce n'est plus Paul qui vous assure, Paul qui a signé votre police, Paul que vous connaissiez, et que le nouveau gérant qui vous est inconnu est maintenant Pierre, en attendant un autre changement.

Nous admettrons volontiers que les gérants *des Compagnies en commandite* puissent être dignes de confiance, mais nous pensons que ce n'est là qu'une garantie individuelle et momentanée puisque ces gérants sont presque toujours libres de mettre à leur place le premier venu!

Vous voyez que dans une Société de cette nature, fondée par un seul homme, sans contrôle, sans appel, vous n'avez à faire qu'à lui

seul et que son autorité est arbitraire, illimitée,
toute puissante.

Dans les *Compagnies autorisées*, vous ne
traitez pas avec un homme ; vous traitez avec
une réunion de capitaux administrés par des
mandataires qui seuls dirigent les affaires sociales.

Consultez la composition des conseils d'administration des *Compagnies anonymes d'assurances*, et vous verrez que les membres de
ces conseils appartiennent en général, par leur
fortune ou par leur nom, aux positions sociales
les plus élevées.

Les assurés ne sauraient étudier avec trop de
soin l'organisation de ces conseils, qui sont en
réalité l'âme de ces Compagnies.

Ces administrateurs en effet *délibèrent*,
agissent. Le directeur de la *Compagnie anonyme* ne peut ni le bien ni le mal, il exécute.
Peu importe aux personnes assurées par une
semblable Compagnie que le directeur se re-
tire ou soit remplacé; ils se trouvent toujours
vis-à-vis des capitaux, dont la garantie vaut
mieux pour eux que celle d'un homme.

N'oublions pas que le gouvernement, avant

d'autoriser cette *Compagnie anonyme*, s'est
assuré que le capital social existait, qu'il était
suffisant , et cela parce que le gouvernement
apporte dans les statuts de ces *Compagnies* de
sévères restrictions et les empêche de faire des
assurances trop aventureuses. Ainsi les *Compagnies anonymes* n'assurent pas :

Les fruits de la terre tenant encore au sol ;

Les dépôts, magasins et fabriques de poudre
à tirer, les billets de banque, titres, contrats,
lingots d'or et d'argent, et argent monnayé ;

Les diamans, pierreries et perles fines.

L'action de ces Compagnies est encore restreinte dans de certaines limites définies par
leurs statuts ; c'est ainsi que le *maximum* des
sommes qu'elles peuvent assurer sur un seul
risque est invariablement fixé.

De telle sorte que le capital important que
ces *Compagnies anonymes* ont réellement
suffit pour faire face aux éventualités d'incendie, en faisant même à ces éventualités une
large part.

Voilà précisément pourquoi le gouvernement *autorise* les *Compagnies anonymes
contre l'incendie.*

Les gérans des *Sociétés en commandite*
déclarent ordinairement que ces sociétés ont
auprès d'elles des CONSEILS DE SURVEILLANCE ET
DE CENSURE. Cela leur donne d'abord un point
de ressemblance avec les *Compagnies anonymes et autorisées* qui ont un CONSEIL D'AD-
MINISTRATION ; puis le public peut croire que ces
conseils exercent naturellement une influence
sur les affaires de la Société. Eh bien! c'est là
une première erreur, contre laquelle nous vou-
lons vous mettre en garde.

Ces conseils de censure et de surveillance
ne peuvent rien ordonner, rien exécuter, rien
signer, rien écrire ; ils ne sauraient empêcher
le gérant de faire sa volonté. Mais alors, direz-
vous, pourquoi mettre en avant de semblables
conseils, puisqu'ils sont inutiles? Pourquoi?
C'est qu'en exploitant des noms d'hommes honorables qui ignorent trop souvent le rôle qu'on
leur fait jouer, c'est qu'en faisant figurer ces
noms sur les prospectus et les affiches, cela
sert *à jeter de la poudre aux yeux du public*, trop disposé à se laisser prendre à ces
appâts trompeurs. A l'aide de cette manœuvre
coupable, on fait entendre aux assurés et aux

actionnaires que ces *conseils* offrent de grandes garanties à leurs intérêts. Rien n'est moins vrai.

Si les membres de ces conseils se mêlaient en quoi que ce soit de la direction des affaires de la Société et de la gestion, ils se rendraient responsables sur leur fortune personnelle des faits et des actes du gérant. Aussi, en présence de cette responsabilité, prennent-ils le soin de laisser le gérant marcher à son gré.

N'est-il pas plus prudent de se faire assurer par une *Compagnie autorisée*, dirigée et gouvernée réellement par plusieurs administrateurs, que par une *Société en commandite*, dans laquelle le gérant, maître absolu, fait tout ce qu lui plaît?

III.

De la prétendue responsabilité des gérants des sociétés en commandite.

Pour achever de séduire les actionnaires et

les assurés, les gérans des *Sociétés en commandite* ont soin de dire qu'ils sont responsables personnellement.

Cette responsabilité ne signifie rien.

En supposant que les gérans fussent riches, qu'est-ce que peut être leur fortune en présence des engagemens qu'ils prennent? Supposons que par une suite de circonstances fatales, des incendies absorbent les primes que ces gérans ont reçues et leur capital social *s'ils en ont un*, leur fortune répondra-t-elle de plusieurs millions de valeurs que peut-être ils auront assurés?

Celui qui se rend responsable d'engagemens indéfinis, incalculables, est imprudent, ou fou, ou de mauvaise foi.

Il ne faut pas se fier à celui-là.

Un homme qui aurait vraiment une grande fortune et qui saurait qu'il peut la perdre par le fait de sa responsabilité, ne sera jamais gérant d'une *Société en commandite se livrant aux assurances*.

D'ailleurs ce gérant qui se dit *responsable* peut, ainsi que nous l'avons dit, donner demain sa démission et se faire remplacer par un successeur dont la responsabilité sera peut-être plus nulle encore !

Faisons-nous donc assurer par une *Compagnie autorisée* dont le capital existe, et non par une *Société en commandite* qui ne prouve pas clairement l'existence de son CAPITAL ANNONCÉ, mais qui nous offre pour garantie la responsabilité de son gérant.

Nous aimons mieux les écus des *Compagnies autorisées* que ce grand mot de responsabilité qui sonne creux et qui n'est qu'une dérision.

IV.

Les gérants des sociétés en commandite cachent leur nom sous le titre qu'ils donnent à leur société.

Les gérans des *Sociétés en commandite* tendent trop souvent un autre piége à la crédulité publique.

Les *Sociétés anonymes*, qui représentent des associations de capitaux, ne sont désignées par le nom d'aucun des associés : elles sont qualifiées par la désignation de l'objet de leur entrprise.

Ainsi on dit : la Cie **D'ASSURANCES GÉNÉRALES,** — la Cie **ROYALE,** — le **PHÉNIX,** — l'**UNION,** — le **SOLEIL,** — la **FRANCE,** — l'**URBAINE,** — la **SÉCURITÉ,** — l'**INDEMNITÉ,** la **PROVIDENCE,** — la Cie **LYONNAISE,** — le **PALLADIUM,** — le **SAUVEUR,** — le **DRAGON.**

Ce sont les seules Compagnies d'assurances à primes, anonymes et autorisées.

La loi dit au contraire que les *Sociétés en commandite,* qui sont une association d'individus seront régies sous un nom social, *qui doit être nécessairement celui d'un ou de plusieurs des associés responsables.*

Les *Compagnies d'assurances formées en commandite* devraient d ne s'appeler du nom de leur gérant : *Société d'assurances* UN TEL..... et Cie. Les polices devraient porter ces mots : « La Compagnie UN TEL et Cie assure, e c. » Mais les gérans nt bien pensé, en général, que lés Compagnies qui vivraient sous leur seul nom ne pourraient vivre long-temps ; que, frappé par ces noms isolés, le public aurait peut-être la fantaisie de chercher à s'éclairer sur la valeur morale du gérant, sur la position de sa fortune, sur la sincérité de ses déclarations. Aussi cherchent-ils toujours à confondre leur nom avec la désignation qu'ils donnent à leur Compagnie. — De cette manière, ils peuvent faire croire aux assurés, à l'aide de cette désignation, souvent dégagée de leur nom, qu'il s'agit d'une *Société anonyme autorisée.*

Ainsi, pour ne citer qu'un exemple, si *la Prévoyance*, société en commandite qui est tombée en faillite, au lieu de prendre ce titre : *La Prévoyance, compagnie d'assurances générales contre l'incendie*, se fût appelée *Société d'assurances de Ch... et compagnie*, les assurés auraient hésité, soyez-en convaincus, et ils ne se seraient pas exposés à devenir victimes de leur confiance.

On pourrait dire en vérité que les *Compagnies d'assurances* constituées en *commandite* cherchent perpétuellement à tromper le public sur la nature de leur origine.

Elles n'ont ni un capital réel ni une administration qui puisse dominer la volonté du gérant, — maître absolu.

Elles ne donnent jamais , à la fin de chaque année, des comptes rendus tels que les présentent les Sociétés *anonymes* et *autorisées*, et sur lesquels doivent figurer les valeurs de garantie des actions et les soldes de caisse.

Elles se fondent et agissent sans contrôle : elles n'offrent que des garanties illusoires, imaginaires, quoiqu'elles soient groupées avec beaucoup d'art et de talent.

Elles se cachent sous un titre, n'osant mettre en évidence et à la place de ce titre LE NOM SEUL *de leur gérant.*

Elles portent atteinte à des intérêts privés quand elles ne remboursent pas les dommages éprouvés par les assurés. Elles arrêtent ainsi le développement des idées de *prévoyance* en leur faisant éprouver de cruels mécomptes ; sous ce rapport, elles portent atteinte à la morale publique.

Nos lecteurs sauront maintenant ce que nous entendons par *les bonnes et les mauvaises compagnies d'assurances.*

Les bonnes compagnies ce sont les *compagnies autorisées,* qui ont un capital réalisé, des règlemens sévères et un conseil d'administration sérieux.

Les mauvaises compagnies ce sont les *compagnies en commandite*, qui n'ont peut-être pas le capital qu'elles annoncent, et qui en tous cas sont à la merci et à la direction d'un gérant.

Avant de vous faire assurer, ayez donc la preuve que la compagnie à laquelle vous vous adressez ou qui s'adresse à vous est :

Une compagnie anonyme a primes, autorisée par ordonnance du roi.

CHAPITRE VI.

DES ASSURANCES A PRIMES FIXES ET DES ASSURANCES MUTUELLES.

Nous avons eu l'occasion de dire, dans notre deuxième chapitre, qu'on s'assurait contre les suites de l'incendie de deux manières, soit en payant chaque année une somme fixe, invariable : c'est ce que nous avons appelé *Assurance à prime fixe ;* soit en payant annuellement une somme qui varie à l'infini, puisqu'elle est calculée en proportion de la totalité des pertes éprouvées par les assurés : c'est que nous avons appelé *Assurances mutuelles.*

Dans les *Compagnies à primes fixes,* les incendiés sont idemnisés sur la masse des primes payées d'avance par chacun d'eux, et dans le cas où ces indemnités dépasseraient le produit des primes reçues , ces compagnies. celles du moins qui sont *autorisées*, ont un capital social qui sert à faire face à ces éventualités.

Dans les *Compagnies mutuelles*, il n'y a ni primes payées d'avance ni fonds social. Il est fait chaque année une répartition entre les sociétaires. Cette répartition forme le fonds qui sert à payer les indemnités. Chacun des sociétaires contribue en raison de l'importance des dommages que les incendies ont causés.

On voit déjà que l'assuré dans les *Compagnies mutuelles* peut payer plus ou moins, tandis que dans les *Sociétés à primes fixes*, l'assuré paie une somme fixée par des tarifs et qui ne varie jamais.

Dans les *Compagnies mutuelles*, la quote part, payée par chaque assuré dans les répartitions, après avoir été minime pendant plusieurs années, peut devenir très-onéreuse pendant les années suivantes ; ainsi la *Société mutuelle* de Chartres a fait contribuer pour 80 centimes par mille francs les propriétaires des maisons de première classe, celle de Melun pour un franc 44 cent.; la Société du département de l'Aisne depuis 1 franc 20 jusqu'à 5 franc 95 c.; celle de Nancy s'est liquidée en fai-

sant payer *trois* ou *quatre* francs pour *mille* francs ; enfin la *Société mutuelle* de la Seine (Paris excepté), Seine-et-Marne, Seine-et-Oise, a coûté à ses sociétaires jusqu'à *deux* francs pour *mille* francs, et en se liquidant, elle a levé une dernière contribution de *dix* francs par *mille* francs, le tout sur des assurances que les *Compagnies à primes* font à raison de TRENTE et QUARANTE CENTIMES PAR MILLE FRANCS ! La Société mutuelle particulière au département de Seine-et-Marne, dans son compte rendu à la date du 1er janvier 1840, a fixé le chiffre de la répartition à 74 cent. 567 ^{m} par chaque mille francs de valeurs assurées, pour des *risques de première classe*. En ajoutant à ces 74 cent. les 30 cent. de cotisation annuelle applicables aux frais d'administration, on arrive au chiffre de 1 fr. 04 cent. 567 ^{m} et le fonds de réserve de la Société se trouve réduit à 2,365 fr. 23 cent. !

Avant d'examiner quelle est la position des assurés dans les *Compagnies mutuelles*, nous devons dire que ces compagnies sont *autorisées* par ordonnance du roi, non-seulement parce qu'elles sont assimilées aux *Sociétés*

anonymes, dont elles empruntent en effet quelques formes, mais principalement pour le fonds et l'objet même de l'association.

Toutefois, l'autorisation accordée par le gouvernement a une moindre importance pour les *Sociétés mutuelles* que pour les *Compagnies à primes*. Dans celles-ci l'*ordonnance du roi* prouve la réalisation d'un capital social, ce qui est pour les assurés une précieuse garantie, tandis que, à l'égard des *Compagnies mutuelles*, le gouvernement autorise seulement, mais sans rien préjuger, une agglomération d'individus à s'assurer entre eux contre les pertes résultant de l'incendie.

La position des assurés dans les *Compagnies mutuelles* varie selon le mode de répartition qui est établi.

Ainsi, par exemple, dans certaines Sociétés, on ne rembourse que les 4/5es, que les 19/20es des pertes éprouvées. Cela se comprend encore, et l'assuré sait au moins dans quelle proportion il sera remboursé si sa propriété vient à être incendiée.

Mais il y a des *Sociétés mutuelles* où les sociétaires doivent solidairement le rembourse-

ment des dommages de l'incendie, à quelque somme qu'ils s'élèvent.

Ceci est bien grave.

Supposons qu'une certaine quantité de fabricans aient assuré entre eux leurs manufactures, rangées dans la même classe de risques (on appelle ainsi en matière d'assurances les chances d'incendies), avec la clause d'un remboursement solidaire pour tous les dommages que le feu occasionnerait. Si les fabriques les moins importantes brûlent, leurs propriétaires seront indemnisés intégralement par leurs co-sociétaires, qui, riches et à leur aise, pourront s'imposer un sacrifice, quelque lourd qu'il soit ; mais si au contraire les fabriques les plus considérables deviennent la proie des flammes, seront-elles relevées par les petits fabricans ? Ceux-ci, quoique responsables solidairement du dommage, pourront-ils le réparer ?

Par cette solidarité, « on a donc imposé, comme on l'a dit, une charge énorme aux uns, et l'on a créé un privilége exorbitant en faveur des autres. Car, quoi de plus monstrueux que de rendre solidairement responsables le plus riche et le plus petit propriétaire ! »

Ainsi, outre l'éventualité, dans la dépense que l'on doit supporter annuellement et à laquelle on ne saurait assigner aucune limite vient se joindre une cruelle incertitude; car l'assuré ne sait pas si ses co-sociétaires pourront lui rendre ce qu'il aurait perdu et remplir à son égard les engagemens qu'il peut, lui, contracter vis-à-vis d'eux.

Dans les *Compagnies mutuelles*, où les assurés sont solidairement responsables, vous avec donc la perspective de perdre une partie de votre fortune pour indemniser les autres, sans qu'il vous soit démontré que ceux-ci puissent, le cas échéant, s'imposer en votre faveur de semblables sacrifices.

Sous ce rapport, les *Compagnies anonymes* à primes fixes n'offrent-elles pas de plus grands avantages? N'est-on pas à l'abri de ses incertitudes?

Si ce mode de remboursement solidaire entre tous les co-sociétaires des *Compagnies mutuelles*, des dommages, *à quelque somme qu'ils s'élèvent*, paraît vicieux, comment jugera-t-on un autre mode qui consiste à fixer un *maximum* d'indemnité passé lequel les sociétaires ne doivent plus rien à l'incendie?

Dans plusieurs *Sociétés mutuelles*, et afin d'ôter aux sociétaires la crainte assez légitime d'appels de fonds considérables et indéterminés, on a décidé que la répartition pour le paiement des pertes supportées par un co-sociétaire ne pourrait s'élever au-delà de 30, 40 ou 50 centimes par chaque mille francs assurés.

Mais voici bien un autre inconvénient.

Si les 30, 40 ou 50 centimes que la *Compagnie mutuelle* vous rend ne vous produisent qu'un cinquième, que le quart du dommage, vous n'êtes indemnisé qu'en partie. Quoi ! vous ignorez à quelle somme vous aurez droit en cas d'incendie ! Mais en vérité vous n'êtes pas assuré.

On voit ici que l'*indemnité* accordée à l'assuré est *insuffisante* et presque illusoire.

D'ailleurs, dans les *Compagnies mutuelles*, à quelle époque le sociétaire incendié touche-t-il son indemnité, quelle qu'elle soit, — faible ou importante, — limitée ou complète ?

Et ceci est un point très-important.

Une *Compagnie mutuelle* rembourse l'assuré quand elle a de l'argent en caisse ; sinon

elle effectue ce remboursement à l'expiration
de l'année et à l'époque où la répartition, qui
offre souvent dans les recettes des difficultés et
des pertes, se fait entre les co-sociétaires.

Les incendiés peuvent donc être PLUSIEURS
MOIS sans recevoir l'indemnité à laquelle ils ont
droit. Quand la Compagnie vient à leur aide,
ils ont eu le temps de manquer à leurs engagemens, de ne pas payer leurs billets, de
tomber en faillite, et cela parce qu'ils sont trop
tardivement remboursés.

Dans les *Compagnies anonymes à primes*,
les primes étant perçues à l'avance et le capital social se trouvant encore au delà de ces
primes, l'assuré est indemnisé aussitôt après
l'expertise des dommages et à toute époque
de l'année.

Les systèmes *de la mutualité*, tels qu'ils
ressortent de l'exposé rapide que nous venons
de présenter, se résument en ces mots :

En général :

ÉVENTUALITÉ dans la dépense à supporter
annuellement ;

INCERTITUDE des charges de la Société.

Dans le cas où les sociétaires doivent solidairement le remboursement des dommages quels qu'ils soient :

DOUTE PEPÉTUEL pour l'assuré de la solvabilité et de la bonne foi de ses co-sociétaires ;

RESPONSABILITÉ indéfinie , qui sans cesse pèse sur sa fortune, sans que la responsabilité de ses co-assurés lui offre une garantie semblable.

Dans le cas où le *maximum* de la répartition est fixé :

INDEMNITÉ INSUFFISANTE ;

ou plutôt :

ABSENCE D'INDEMNITÉ.

Dans tous les cas enfin :

INDEMNITÉ TARDIVE.

Nous terminerons ce chapitre en rappelant ici deux circulaires qui, émanant du ministère de l'intérieur à dix années d'intervalle, font suffisamment connaître l'opinion du gouvernement *sur les Compagnies mutuelles*.

Une circulaire du ministre de l'intérieur (le comté Corbière) à MM. les préfets , du 24 octobre 1826 , disait :

« Quelques commissions administratives ont témoigné le désir d'être autorisées à faire

assurer contre l'incendie les bâtimens dépen-
dans des établissemens confiés à leurs soins.
Elles ont pensé qu'il était avantageux pour ces
établissemens de se soustraire, au moyen d'une
dépense modique et fixe ; aux charges impré-
vues que pourrait faire peser sur eux la reconstruction des bâtimens que l'incendie viendrait à détruire.

« Ces considérations, dictées par la prudence, ne doivent cependant pas être admises
sans restriction. Par ma circulaire du 14 juillet
1820 (1) je vous fis connaître à cet égard
qu'il y avait une distinction essentielle à
faire entre les *assurances mutuelles* et les
assurances à primes, et je n'hésitai pas à dé-
cider que les premières, loin d'offrir des avantages aux établissemens publics, ne pouvaient
que leur être préjudiciables en ce qu'elles les
soumettaient aux chances les plus inégales. — Je
me déterminai en conséquence à les interdire
d'une manière absolue, et je crois devoir encore
persister aujourd'hui dans cette détermination.

---

(1) Cette Circulaire du 14 juillet 1820 est signée
par M. le baron Mounier, directeur général de
l'administration départementale et de la police.

« Quant aux secondes (*les assurances à primes*), bien qu'en général le système des assurances présente aux particuliers plus d'avantages qu'aux établissemens publics, les assurances à primes sont les seules dont ces derniers puissent retirer quelque fruit et auxquelles par conséquent je doive donner mon assentiment.

«Telle est la distinction que vous devrez observer dans les demandes que vous aurez à m'adresser relativement à l'assurance contre l'incendie des bâtimens appartenant à des établissemens de bienfaisance. Je ne consentirai à prendre de décision qu'à l'égard de celles qui auraient pour objet un traité avec *une Compagnie d'assurances à primes.* »

Une circulaire adressée à MM. les préfets, à la date du 10 août 1836, par le ministre de l'intérieur (M. le comte de Montalivet) a apporté quelques modifications à la circulaire précédente relative à l'assurance des propriétés des pauvres par la voie de *mutualité*; sans toutefois apprécier différemment ce mode d'assurance, car le ministre s'exprime ainsi :

« On ne peut se dissimuler que l'assurance

par les Compagnies à primes offre, en général, de plus grands avantages. Les primes fixes et connues d'avance présentent plus que les cotisations éventuelles le caractère que doivent avoir les opérations des établissemens publics. En outre, la plupart de ces Compagnies embrassent tout le royaume, tandis qu'il n'existe pas encore de sociétés mutuelles dans tous les départemens.

« Il y aura souvent nécessité ou convenance de recourir aux Compagnies à primes ; soit parce qu'il n'existera pas de Société mutuelle dans la localité ; soit, s'il en existe une, parce qu'elle n'offrira pas toujours la consistance et les conditions désirables. »

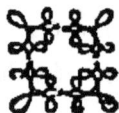

CONCLUSION.

Les assurances contre l'incendie sont conseillées par la prévoyance; mais pour être réellement utiles, elles demandent à être complètes, c'est-à-dire que l'assuré, en garantissant des ravages de l'incendie toutes les choses qu'il possède, doit se mettre en outre à l'abri des *recours* que pourraient exercer contre lui le *propriétaire* des lieux qu'il occupe, et qui seraient incendiés, et le *voisin* qui exigerait à son tour la réparation du dommage qu'il aurait souffert.

Il faut que l'assuré se rappelle aussi qu'il a tout intérêt à estimer à leur véritable valeur les objets que l'assurance doit couvrir et à les déclarer en totalité.

Il faut que l'assuré s'adresse aux *Compagnies anonymes autorisées :* elles seulent peuvent lui répondre, par l'importance de leurs capitaux, du paiement des indemnités auxquelles il pourrait avoir droit; tandis que l'organisation des *Compagnies en-commandite* et l'incertitude qui existe souvent à l'égard de leur position financière ne sont pas de nature, selon nous, à donner aux assurés une sécurité parfaite.

Il faut encore que l'assuré, loin de se laisser prendre à l'appât que lui offrent les *Compagnies d'assurances mutuelles* en ne lui demandant qu'une prime, EN APPARENCE fort modique, n'oublie pas que cette prime est variable à l'infini et qu'elle peut s'élever à une forte somme. Dans les *Compagnies à primes fixes* l'assuré connaît au moins la nature de l'engagement qu'il contracte et de la dépense qu'il doit supporter.

Les assurés ne peuvent considérer les assurances qu'à ce point de vue, savoir : le *remboursement de l'indemnité qui leur serait due en cas d'incendie.* Qu'ils n'oublient donc pas ceci :

Les *Compagnies anonymes d'assurances à primes fixes* ayant, outre les primes, un capital incontestable, remboursent IMMÉDIATEMENT les assurés.

Les *Compagnies d'assurances mutuelles* remboursent les assurés quand elles ont des fonds en caisse, sinon le remboursement n'a lieu que plusieurs mois après l'incendie, au moment de la répartition, par exemple, et quand l'assuré a eu le temps d'être ruiné par ce fatal retard.

Dans les *Sociétés en commandite*, comme rien ne prouve en général qu'elles possèdent un capital, les assurés peuvent toujours craindre que les primes une fois absorbées, ces Sociétés ne puissent faire face aux sinistres qu'elles auraient à réparer.

Les personnes qui se font assurer par une Compagnie à primes *anonyme autorisée* sont en présence d'un CAPITAL RÉEL, d'une CHOSE POSITIVE.

Les personnes qui se font assurer par une *Société en commandite* n'ont trop souvent devant elles qu'un CAPITAL IMAGINAIRE, qu'une ÉVENTUALITÉ.

Dans la confiance publique, ces deux sortes de *Compagnies d'assurances* doivent être séparées par toute la distance qui existe entre une CERTITUDE et une ESPÉRANCE, entre une RÉALITÉ et une FICTION.

Que nos lecteurs choisissent !

APPENDICE.

DES COMPAGNIES LOCALES D'ASSURANCES.

En dehors des Compagnies d'assurances anonymes et à primes fixes, et dont les opérations embrassent toute la France, le Gouvernement a autorisé des Compagnies qui ne peuvent assurer les unes que dans les limites d'un département, les autres que dans l'enceinte d'une ville.

Les *Compagnies locales* ne peuvent être avantageuses ni pour les assurés ni pour les *actionnaires*.

Il faut, en effet, qu'elles trouvent forcément dans le cercle restreint où elles agissent, dans un département ou dans une ville, les primes nécessaires pour faire face aux risques qu'elles courent. En supposant même que ces Compagnies perçoivent, dans les localités qui leur sont assignées, la plus grande masse des primes auxquelles elles puissent prétendre, elles se trouveront en face d'engagemens énormes. Or, leurs ressources seront-elles toujours en harmonie avec les chances acceptées ? Ces Compagnies ne sont-elles pas dans une condition anormale en accumulant leurs risques sur un seul point et

5

réduites à ne recueillir des primes que sur ce point exploité ? Ne blessent-elles pas le premier principe de vie pour une Compagnie d'assurance qui est de chercher — à diviser ses risques, — à mutiplier la source des primes ? N'altèrent-elles pas enfin les garanties que les assurés doivent rechercher? Que la Compagnie locale le *Nord*, qui ne couvre les risques d'incendie que dans le département dont elle porte le nom, ait recueilli à Lille, par exemple, un grand nombre de primes; elle aura couvert, dès-lors, un grand nombre de sinistres. Qu'un violent incendie éclate dans cette ville, qu'un de ses riches et industrieux quartiers brûle en partie, la Compagnie résisterait-elle à un tel désastre? Nous ne le pensons pas.

Voici au surplus quelques faits qui prouvent que la proportion entre les risques assurés et les primes reçues ne saurait être invoquée par ces Compagnies et qu'elles ne présentent pas une sécurité complète pour les capitaux.

Une Compagnie locale, la *Compagnie Bordelaise*, qui n'opérait que dans la Gironde, a été forcée de se liquider par le fait d'un *seul sinistre*. En dehors des primes absorbées, le capital social avait reçu une grave atteinte. La *Compagnie Elbeuvienne* qui n'assurait que dans la ville d'Elbeuf (*intrà muros*), aurait eu le même sort, il y a deux années, à la suite d'une perte importante, si elle ne s'était adressée à quelques Compagnies *anonymes* à primes qui voulurent bien se charger de la majeure partie de ses risques.

Les Compagnies à primes qui assurent dans toute la France, ont un avantage qu'on ne saurait méconnaître ; leurs sinistres sont divisés à l'infini, puis elles recueillent des primes sur toute l'étendue du pays , au-delà même de ses frontières. Les *Compagnies locales*, au contraire, sont privées de force et de vitalité ; elles peuvent se débattre plus ou moins long-temps contre les événemens fâcheux qui viennent les assaillir, mais elles ont dans leur organisation un vice originel qui doit peser fatalement sur leur durée.

L'INCENDIE DE HAMBOURG

ET

LES COMPAGNIES D'ASSURANCES.

L'incendie de Hambourg (mai 1842) a donné une douloureuse mais éclatante sanction aux opinions que nous avons émises sur les *Compagnies mutuelles*, dans le chapitre VI du *Propagateur*. Cet événement a fait ressortir en outre la position désavantageuse des *Compagnies locales* d'assurances et a justifié la faveur accordée aux *Compagnies anonymes* à primes fixes et à grande circonscription.

Dans Hambourg, tous les systèmes d'assurances étaient en présence : Compagnies d'assurances mutuelles et locales, immobilières et mobilières, — Compagnies locales à primes, — Compagnies à primes étrangères.

Voyons à l'œuvre ces Compagnies diverses.

Au premier rang apparaissent deux Sociétés mutuelles et locales, la *Société mutuelle et immobilière de Hambourg* et la *Société mutuelle mobilière* (dite *Association Biéber*). La première ne peut songer à payer les pertes qui la frappent, que si elle parvient à contracter un emprunt; la seconde ne réunit en réserve et contribution aux sinistres que le quart du montant de sa dette. Les sinistrés perdent 75 0⁄0, et les Sociétaires qui doivent contribuer aux sinistres jusques à concurrence de 40 0⁄0 du capital assuré, ont à payer 40 marcs banco par 1000 marcs (soit 74 fr, sur 1850!) Les Sociétaires auront donc à payer une énorme cotisation, et les Assurés n'auront reçu qu'une faible et insignifiante indemnité ! Que deviennent donc *l'Economie* et la *Sécurité*, qui, d'après les partisans de la *Mutualité*, forment les bases immuables de ce système ?

Il n'est pas inutile de faire observer ici que les *Sociétés mutuelles* se trouvent d'autant plus menacées de sinistres importans, qu'elles tendent essentiellement à agglomérer leurs risques. Dans les villes où les assurances sont faites par une *Mutualité*, on peut se rendre compte, à la seule vue de ses plaques suspendues à la façade de tant de maisons contiguës, des pertes auxquelles elle demeure exposée en cas d'incendie, lorsqu'un aussi grand nombre de ses intéressés sont réunis sur un même point.

Ce qui était arrivé aux Compagnies locales *la Bordelaise* et *l'Elbeuvienne*, entravées chacune dans leur marche par un seul sinistre, s'est fidèlement reproduit à Hambourg.

Trois Compagnies locales à primes : la *Compagnie patriotique*, *les deuxième et cinquième Compagnies d'assurances* de Hambourg constituées ; la première avec un capital de 800,000 marcs banco ; la seconde, avec un million de capital ; la troisième, avec des ressources plus importantes encore, sont forcées, en admettant qu'elles paient intégralement les indemnités à leur charge, de cesser leurs opérations. Les fonds appartenant à quelques capitalistes ou à des actionnaires, sont absorbés, perdus sans ressources, tant il est vrai que les *Compagnies locales* ne peuvent, dans un temps donné, échapper à cette fâcheuse conclusion.

Voilà donc les tristes résultats qu'ont présentés, après l'incendie de Hambourg, les Compagnies d'assurances *mutuelles* et *locales* et les Compagnies *locales* à primes, qui avaient opéré dans cette ville.

En présence de tant de mécomptes et de déceptions, et lorsqu'on était tenté d'accuser les Assurances contre l'Incendie de manquer à leur mission, les *Compagnies d'assurances à primes*, embrassant jusqu'aux pays étrangers dans leur circonscription, puissantes par leurs capitaux, par leurs fonds de réserve, par la multiplicité des primes qu'elles prélèvent de toutes parts, venaient revendiquer au milieu des ruines de Hambourg la confiance que méritent leur forte organisation et leur fidélité à remplir leurs engagemens.

Ainsi, lorsque les *Sociétés mutuelles* de Hambourg et des *Sociétés mutuelles* étrangères assurant dans cette ville étaient dans l'impossibilité de rembourser aux Sociétaires les sinistres dont ils étaient victimes; tandis que les *Compagnies*

locales à primes , payant jusques à concurrence de leurs ressources, étaient contraintes à
cesser leurs opérations, les Compagnies *étrangères*
à primes qui assuraient dans Hambourg ont ré-
pondu à la prévoyance de leurs assurés. *Seules,*
ces Compagnies se sont exécutées; seules elles ont
payé immédiatement. intégralement, les pertes
éprouvées par les assurés, et cela parce que ces
Compagnies, comme les *Compagnies anonymes à*
primes qui assurent en France, se sont fondées et
vivent au milieu de conditions qui toutes ajou-
tent à leur puissance, à leur force, aux garanties
qu'elles présentent au public, qui toutes leur
permettent de lutter contre de grandes catastrophes. Aussi l'absence de ces mêmes conditions
dans les *Compagnies mutuelles* et dans les *Compa-*
gnies locales se traduit-elle en impuissance pour
ces Sociétés, en doutes pénibles et souvent en
dangers pour les assurés.

Les faits qui se sont accomplis à Hambourg,
au sujet des assurances ébrécheront les armes
dont la *Mutualité* se sert pour combattre le système à *primes fixes*, tandis que ces mêmes faits
viennent donner gain de cause à notre appréciation des divers modes d'assurance, et à notre opinion favorable aux *Compagnies à primes*, dont
nous avons énuméré précédemment les avantages. (Voir chap. V.)

LA MUTUALITÉ JUGÉE

PAR UN DIRECTEUR DE SOCIÉTÉ MUTUELLE.

—

« Pour le sociétaire assuré dans une *Société Mutuelle*, avons-nous dit précédemment (page 70), incertitude dans la dépense à sa charge; — responsabilité indéfinie.

» Pour le sociétaire incendié, indemnité tardive; — Souvent indemnité insuffisante; — Quelquefois même absence totale d'indemnité. »

Un directeur de *Société Mutuelle* a récemment apporté un témoignage écrit à l'appui de ce même jugement, et prouvé ce que nous avons toujours soutenu, à savoir: que les années les plus désastreuses peuvent succéder pour une *Mutualité* à des années prospères et que des co-sociétaires incendiés peuvent attendre pendant plusieurs mois, pendant plusieurs années même l'indemnité qui leur est due.

Ce n'est sans doute pas pour donner gain de cause à notre opinion que M. Nicolas, directeur de la *Société Mutuelle Immobilière* pour la Côte-d'Or, l'Yonne, etc., a publié la circulaire que nous allons reproduire, et cependant jamais la *Mutualité* n'aura à se débattre sous des aveux plus écrasans que ceux qui ressortent de cet étrange document:

SOCIÉTÉ MUTUELLE IMMOBILIÈRE CONTRE L'INCENDIE.

Dijon, le 1er mai 1842.

M.

» Je ne m'étais engagé à vous écrire que lorsque
» l'époque serait arrivée pour vous de recevoir tout
» ou partie de la portion d'indemnité qui vous reste
» dûe; mais parce que vous auriez pu espérer, comme
» je l'espérais moi-même, que cette répartition aurait
» lieu sur les ressources de l'exercice 1841, je crois
» devoir ne pas vous laisser plus long-temps dans le
» doute, et je vais vous faire connaître les résultats
» de cet exercice. — L'année 1841, sans être chargée
» autant de sinistres que la précédente, a néanmoins
» absorbé toutes les ressources; il n'y aura donc rien
» à distribuer aux incendiés de l'arriéré. Cependant,
» cette année semble nous faire entrer dans une ère
» meilleure, et nous devons espérer que la série des
» mauvais jours est, encore une fois, passée. La même
» progression s'est fait remarquer, lors de nos pre-
» miers *déficit*. 1833 et 1834 laissèrent de graves in-
» complets d'indemnité; 1835 couvrit ses charges,
» mais ne fit rien de plus. Enfin, vinrent les années
» 1836 et 1337 qui liquidèrent tout l'arriéré, *capital*
» *et intérêts*. Nous serons sans doute assez heureux
» pour qu'il en soit de même, et pour que 1842 et
» 1843 comblent aussi la lacune ouverte par 1839 et
» 1840. Si ces prévisions se réalisent, vous pouvez
» être certain, M.   que vous en serez pré-
» venu officiellement et sans retard; mais vous sentez
» bien que vous ne pouvez avoir aucun nouvel avis
» avant une année révolue : ainsi toute nouvelle ré-
» clamation de votre part, avant cette époque, *reste-*

» *rail sans réponse*, et toute lettre non affranchie
» sera refusée par moi à la poste.

» En attendant, M.   , et pour vous en-
» lever toute idée de poursuivre la Société, si vous
» pouviez en avoir l'intention, je vous ferai observer
» que nous avons rigoureusement exécuté les pres-
» criptions du deuxième paragraphe de l'article 26
» des statuts ; nous n'étions tenus à rien de plus, et
» toutes poursuites, toutes démarches, toute corres-
» pondance seraient en pure perte, jusqu'à ce que des
» circonstances plus heureuses permettent de vous
» distribuer un dividende. Si vous aviez été assuré
» près d'une Compagnie à primes qui, toutes propor-
» tions gardées, aurait eu à supporter des sinistres
» aussi graves que les nôtres, votre sort eût été bien
» plus mauvais, car elle se fût incontestablement dé-
» clarée en faillite, et vous n'auriez reçu (1). En mu-
» tualité, vous n'avez rien de semblable à craindre,
» et vous en êtes quitte pour attendre.

» Aussi, j'aime à croire, M.   , que vous
» vous abstiendrez de toutes plaintes en public. D'ail-
» leurs, ou ces plaintes nuiraient à la Société, ou
» elles seraient sans résultats. Si elles doivent être
» sans résultats, elles sont au moins inutiles ; si elles
» doivent nuire à la Société, elles retomberont direc-
» tement sur vous, puisque le plus ou le moins de cer-
» titude de votre remboursement dépend de la plus ou
» moins grande..... de l'établissement. Votre intérêt

---

(1) C'est par de semblables allégations qui ne s'ap-
puient sur aucun fait et que la mauvaise foi seule
peut mettre en avant, que les *Sociétés Mutuelles* atta-
quent les *Compagnies à primes*.

» est donc d'accord avec le nôtre, pour vous [enga-
» ger à attendre patiemment et sans vous plaindre.

» Recevez, M.   , l'assurance de ma consi-
» dération distinguée,

              » *Le Directeur général de la Société,*

                      » NICOLAS. »

Au 1er mai 1842, le directeur de la *Société
Immobilière de la Côte-d'Or* annonce aux sinistrés que toutes les ressources de 1841 ayant été
absorbées, « *il n'y aura rien à distribuer aux in-
» cendiés de l'arriéré,* » et savez-vous de quelle
époque date cet arriéré? Des années 1839 et
1840! et ce ne sera que « *dans une année révolue*»
que les incendiés apprendront si les années 1842
et 1843 permettront de liquider le passé! Ainsi
des propriétaires qui ont placé sous la sauve-
garde de cette *Société Mutuelle* leurs immeubles,
dévorés par le feu depuis deux ou trois ans déjà,
leurs immeubles sur lesquels reposaient peut-
être toute leur fortune, l'avenir de leurs enfans,
le gage de leurs créanciers, devront attendre
une année encore pour savoir s'ils recevront
alors un bribe d'indemnité, ou si cette indemnité sera ajournée à d'autres temps. C'est ainsi
qu'une *Société Mutuelle,* n'ayant devant elle ni
primes payées à l'avance, ni capital social, mais
quelquefois seulement un minime fonds de prévoyance, incertaine d'ailleurs de la bonne foi et
de la solvabilité de ses assurés, ignorant dès-

lors jusqu'à quel point ceux-ci feront face annuellement aux dommages éprouvés ; c'est ainsi, disons-nous, qu'une *Société Mutuelle* est toujours forcée de s'en remettre au hasard des destinées de ses sociétaires.

Les enseignemens que contient la circulaire que nous venons de rapporter touchent de près à l'histoire de la *Mutualité*. Toutes les *Compagnies Mutuelles*, sans en excepter celles qui vantent leur prospérité actuelle, peuvent se trouver un jour, par une succession imprévue de sinistres, dans une position semblable à celle que M. Nicolas a été forcé d'avouer.

ASSURANCES MUTUELLES.

Nécessité par le sociétaire assuré de plaider devant le tribunal du siége de la Société.

Dans les *Sociétés Mutuelles* qui embrassent quelquefois six où sept départemens dans leur circonscription, les sociétaires sont tenus de procéder devant le tribunal du lieu où la *Société a son siége* (1). Enlevés d'abord à leurs juges, les assurés demeurent ensuite exposés à des déplacemens onéreux que le choix d'un mandataire ne leur épargnera pas toujours et qui pourront être d'autant plus fréquents que la *Mutualité* ouvre la voie à un grand nombre de contestations.

Dans les *Compagnies* à primes, les assurés plaident devant le tribunal de la ville où la police a été signée et toujours, par conséquent a proximité de leur domicile. La comparaison, sous ce nouveau rapport, n'est-elle pas, comme sous tant d'autres, défavorable à la *Mutualité?*

---

(1) Jugement du tribunal de première instance de la Seine, confirmé par arrêt de la cour royale de Paris (août 1842).

Imprimerie Lange Lévy et comp., rue du Croissant, 16.

www.ingramcontent.com/pod-product-compliance
Lightning Source LLC
Chambersburg PA
CBHW060639100426
42744CB00008B/1694